Philippe Legendre

J'APPRENDS À DESSINER

les voitures et les motos

FLEURUS

www.editionsfleurus.com

À l'attention des parents et des enseignants

Tous les enfants savent dessiner un rond, un carré, un triangle…
Alors, ils peuvent aussi dessiner une formule 1,
un 4x4 ou une moto de course.
Notre méthode est facile et amusante. Elle apporte à l'enfant une technique
et un vocabulaire des formes dont se sert tout dessinateur.

La construction du dessin se fait par l'association de formes géométriques
créant un ensemble de volumes/surfaces. Il suffit ensuite, par une ligne droite,
courbe ou brisée, de donner son caractère définitif à l'esquisse.

En quelques coups de crayon un motif apparaît,
un peu de couleur et voici réalisée une belle illustration.

Cette méthode propose un apprentissage de la technique
et une première approche de la composition, des proportions, du volume,
de la ligne. Sa simplicité en fait une méthode où le plaisir
de dessiner reste au premier plan.

PHILIPPE LEGENDRE

Peintre-graveur et illustrateur, Philippe Legendre anime
aussi un atelier de peinture pour les enfants de 6 à 14 ans.
Intervenant souvent en milieu scolaire, il a développé
cette méthode pour que tous les enfants puissent
accéder à l'art du dessin.

Quelques conseils

1. Chaque dessin est fait à partir d'un petit nombre
de formes géométriques qui sont indiquées
en haut de la page. C'est ce qu'on appelle
le vocabulaire de formes. Il peut te servir à t'exercer
avant de commencer le dessin.

2. Fais l'esquisse du dessin au crayon et à main
levée. Attention, pas de règle ni de compas !

3. Les pointillés indiquent les traits
de construction qui doivent être gommés.

4. Une fois ton dessin terminé, colorie-le.
Si tu veux, repasse en noir le trait de crayon.
Et maintenant, à toi de jouer !

Il faut savoir tourner en rond…

à plus de 200 km/h…

pour devenir un champion.

La formule 1

Escalader les chemins de montagne...

ou traverser le désert ?

Pour l'aventure...

il est toujours prêt.

Le 4 x 4

Attention aux virages !

Il ne faut pas les rater...

pour être le premier...

La voiture de rallye

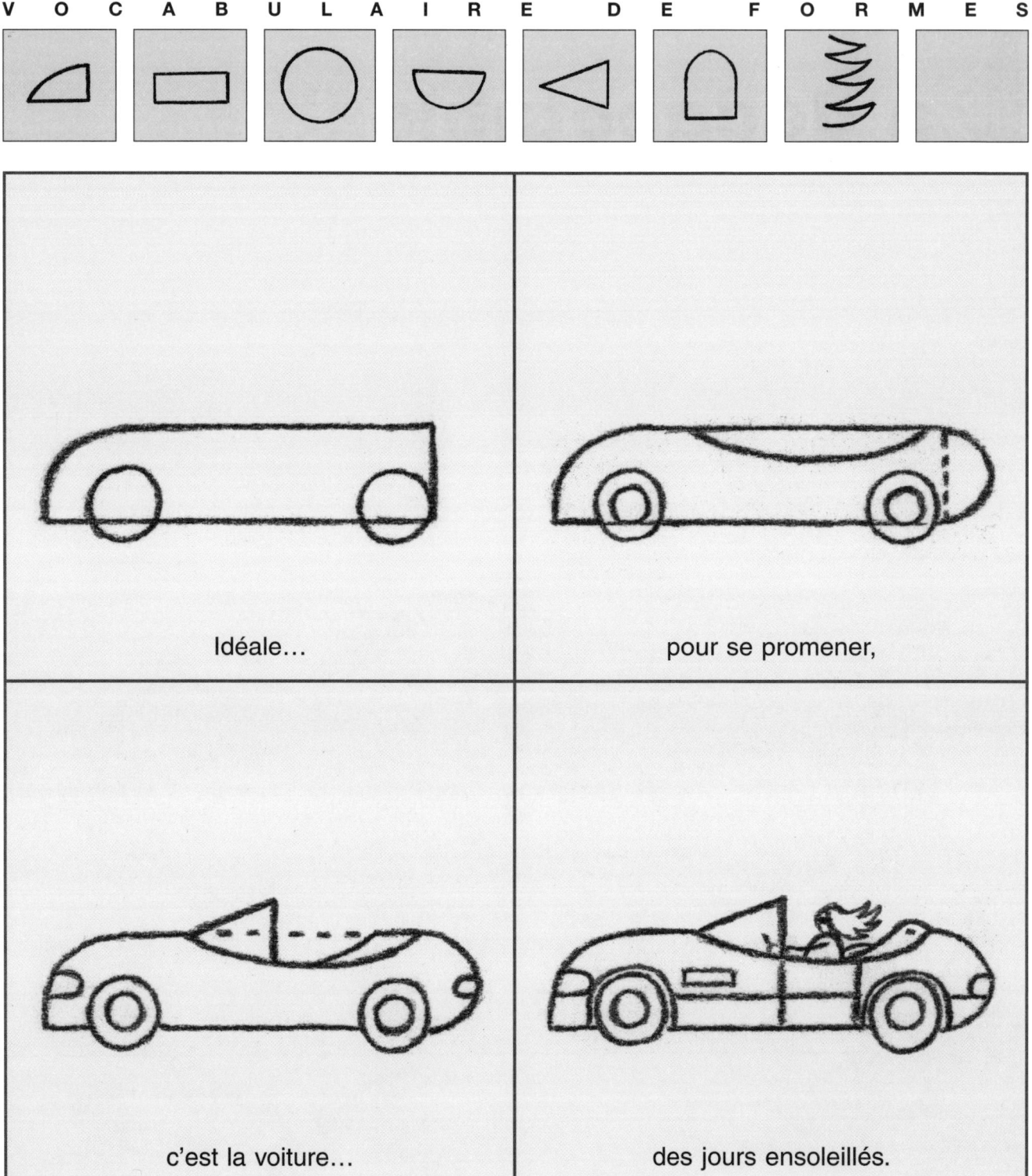

Idéale…

pour se promener,

c'est la voiture…

des jours ensoleillés.

La décapotable

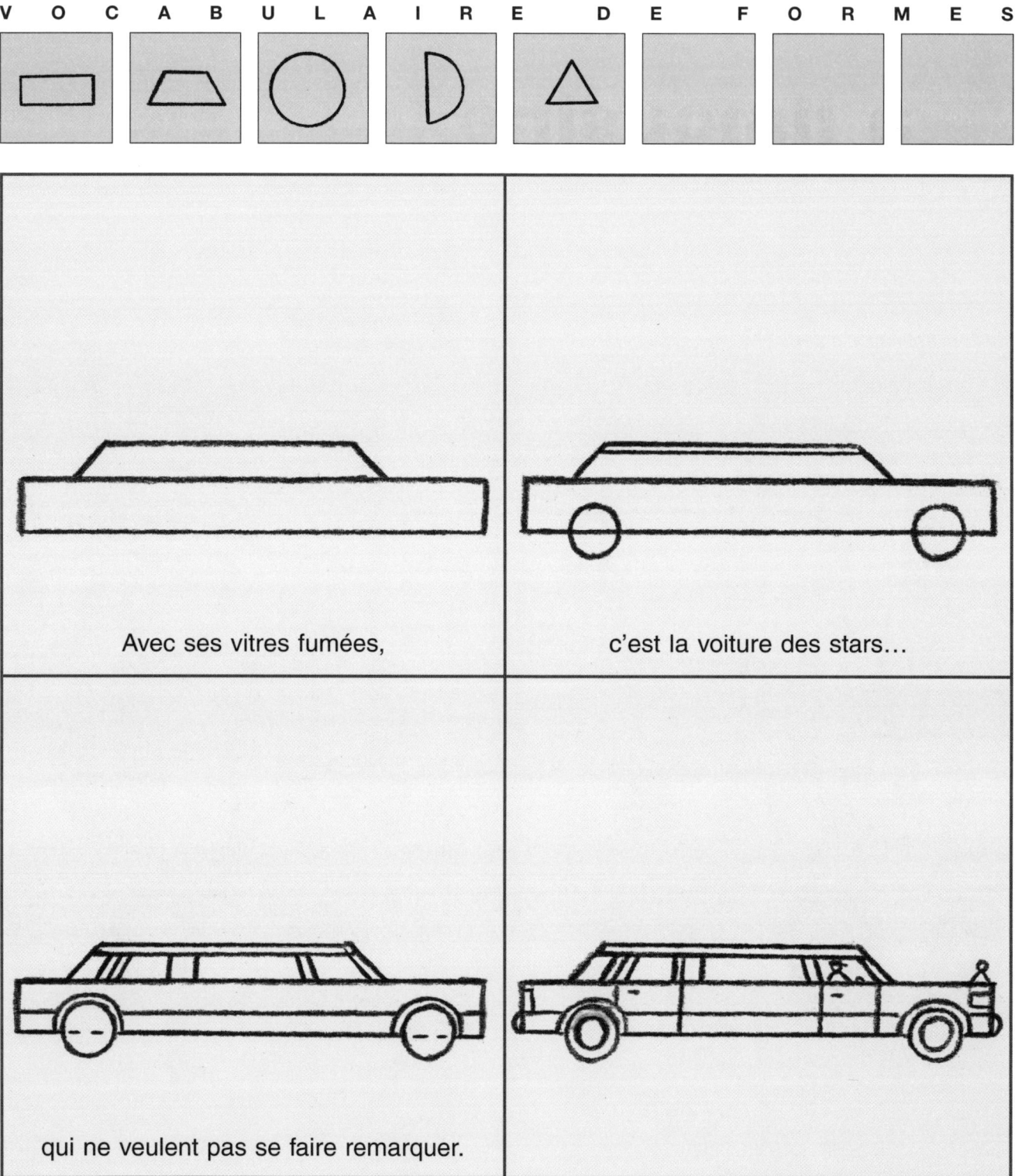

Avec ses vitres fumées,

c'est la voiture des stars…

qui ne veulent pas se faire remarquer.

La limousine

Reine de la voltige,

elle bondit dans les creux…

et dans les bosses.

La moto-cross

VOCABULAIRE DE FORMES

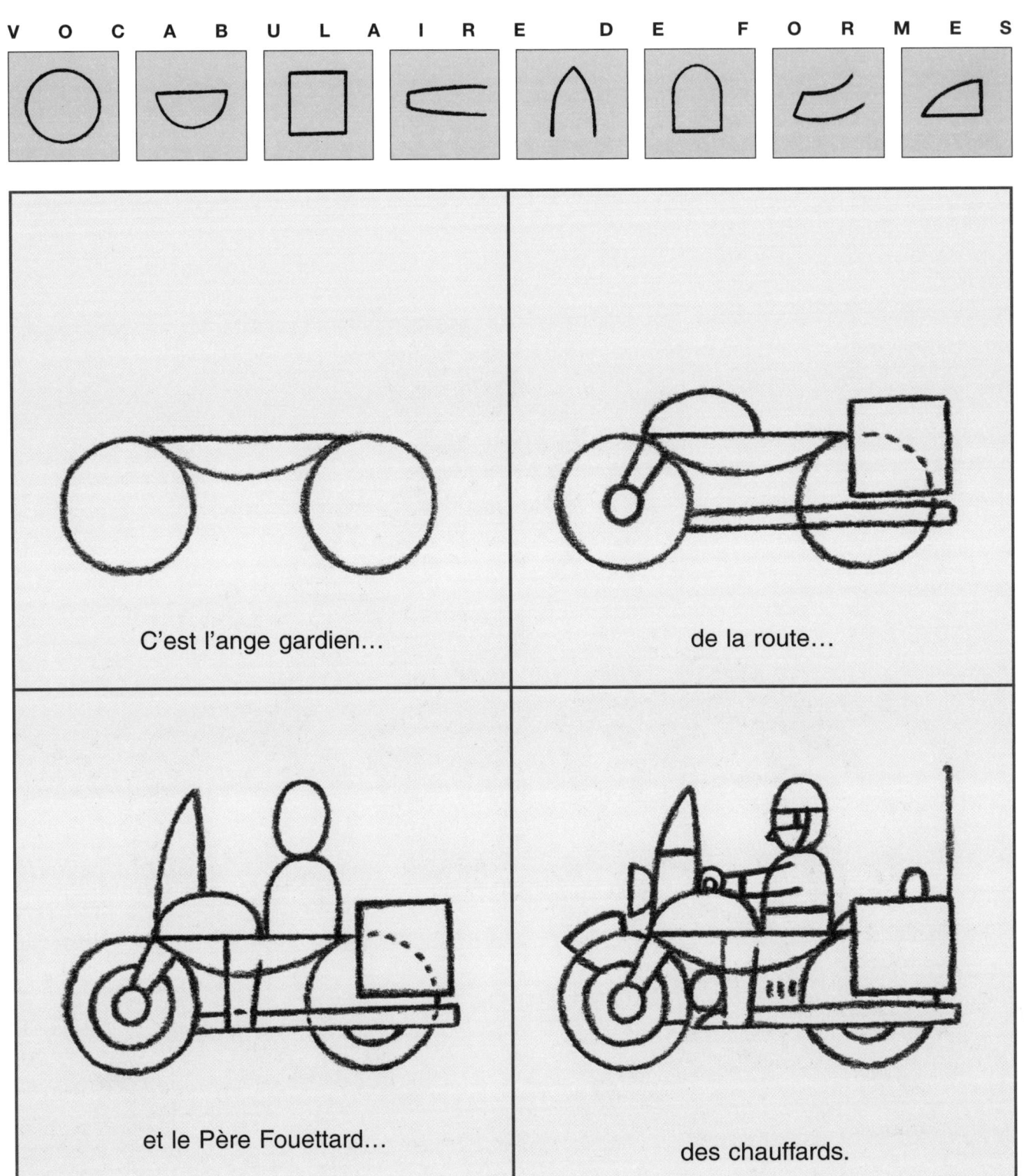

C'est l'ange gardien…

de la route…

et le Père Fouettard…

des chauffards.

La moto de police

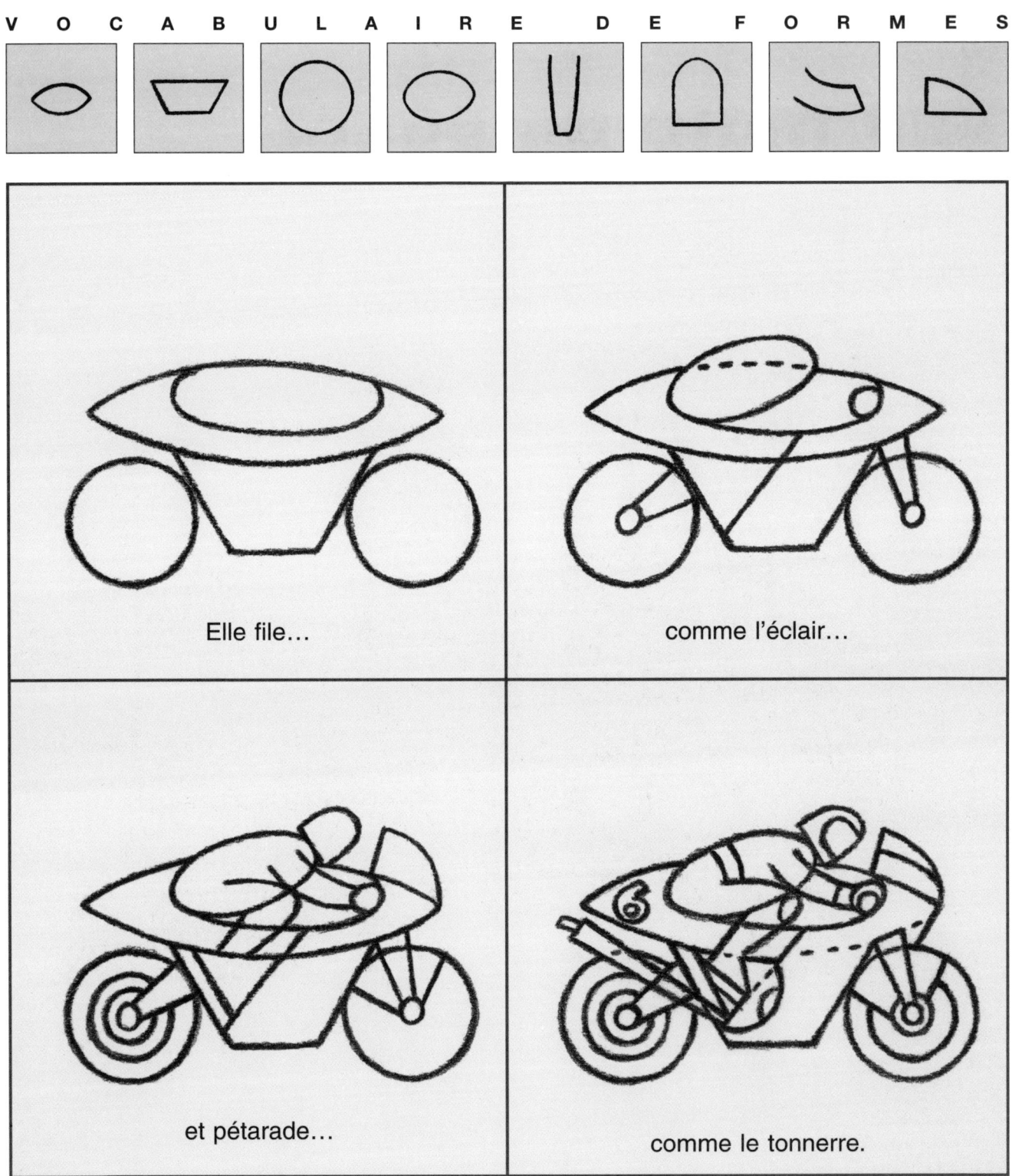

Elle file…

comme l'éclair…

et pétarade…

comme le tonnerre.

La moto de course

Grâce à sa voiture…

sur le côté,

on peut transporter…

un autre passager.

Le side-car

À la mer ou à la montagne, en voiture ou à moto… allons nous promener.

Pars tranquillement en vacances ou prends ta voiture de rallye et en avant pour la course ! Avec tes crayons, toutes les aventures sont possibles.

Loi n°49-956 du 16 juillet 1949 sur les publications destinées à la jeunesse.

Direction éditoriale : Christophe Savouré
Édition : Valérie Monnet
Direction artistique : Armelle Riva, Danielle Capellazzi
Couverture : Armelle Riva
Conception graphique de la collection : Isabelle Bochot
Photogravure : Quat'coul à Toulouse

© 2007 Groupe Fleurus (1re édition 2002)
15/27 rue Moussorgski, 75018 Paris
Dépôt légal : mai 2007
ISBN : 978-2-215-09422-7
ISSN : 1257-9629
1re édition - n°92676

Imprimé en France par Qualibris

J'APPRENDS À DESSINER

+ de 40 titres parus

J'APPRENDS À DESSINER les dinosaures

Philippe Legendre

FLEURUS

une collection

J'APPRENDS À DESSINER la famille

Philippe Legendre

FLEURUS

J'APPRENDS À DESSINER chevaliers et châteaux forts

Philippe Legendre

FLEURUS

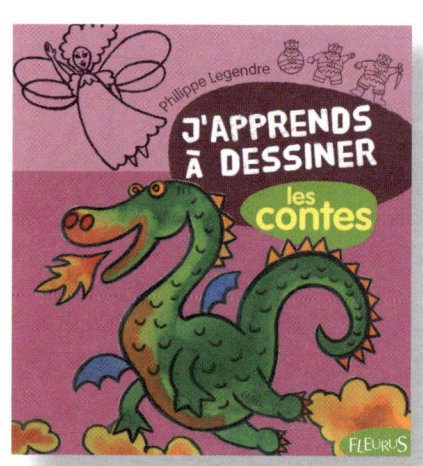

J'APPRENDS À DESSINER les contes

Philippe Legendre

FLEURUS

J'APPRENDS À DESSINER la mer

Philippe Legendre

FLEURUS

J'APPRENDS À DESSINER les animaux d'Afrique

Philippe Legendre

FLEURUS